I0071186

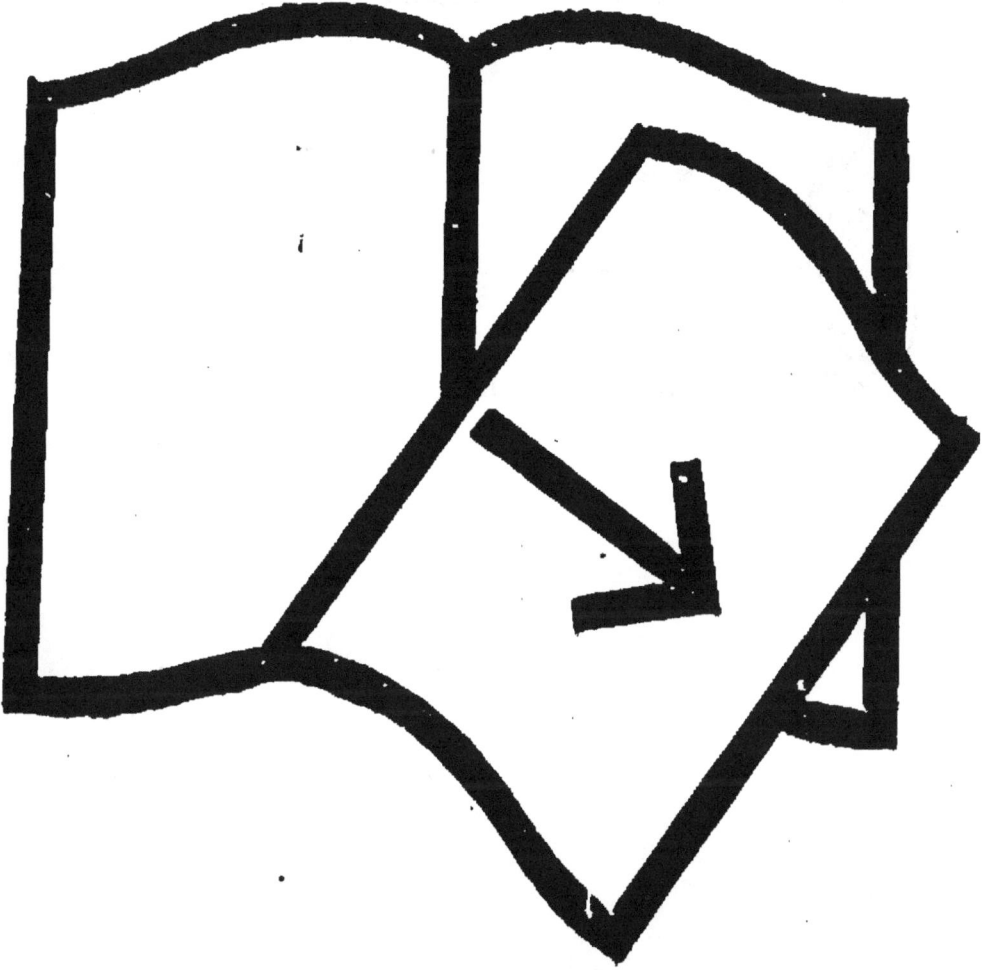

Couvertures supérieure et inférieure
manquantes

UN PROCÈS

POUR UNE CHANSON.

—

Marseille — 1380.

———

ANTOINE BARIAC CONTRE JEAN PELLENC.

———

Bibliothèque

MARSEILLE

TYPOGRAPHIE VEUVE MARIUS OLIVE,

ruo Paradis, 68.

1865

Lk7 11880

UN PROCÈS POUR UNE CHANSON,

MARSEILLE, 1380.

ANTOINE BARIAC CONTRE JEAN PELLENC.

Il existe aux archives de la ville de Marseille quelques vieux registres ou cartulaires, comme on les appelait, provenant de nos anciennes judicatures. L'un de ces registres, que nous avons sous les yeux, a appartenu au tribunal du viguier. Il contient un assez grand nombre de procès, la plupart occasionnés par des batteries, des injures, des querelles entre femmes, surtout entre femmes de mauvaise vie, *inter feminas faithitas*, et n'offrant en général d'autre intérêt que l'analogie existante entre eux et les causes qui ressortissent actuellement aux tribunaux correctionnels.

Les fonctions de scribe ou de greffier étaient, on le sait, toujours remplies par un notaire; celui qui a écrit notre cartulaire se nommait Michel Radulphe. Quant au viguier, ce n'était rien moins qu'Isnard de Glandevès, le même auquel plus tard les Provençaux décernèrent le surnom de Grand. Il était seigneur de Cuers et avait épousé en premières noces Alix de la Voute, parente des deux évêques de ce nom qui ont occupé successivement le siége de Marseille.

Devenu veuf à deux reprises, il se remaria une deuxième et une troisième fois. C'est de son union avec Béatrix de Balb, sa troisième femme, que descendait par sept générations ce Gaspard Antoine de Glandevès-Niozelles auquel en 1660 Louis XIV vint faire sentir si rudement le poids de sa mauvaise humeur.

Au nombre des plaintes qui, pendant l'année du vicariat d'Isnard le Grand, furent portées à son tribunal, se trouve la suivante qu'on lit au recto du folio 46 du cartulaire où Michel Radulphe l'a minutée de sa main.

« Contre Jean Pellenc, boucher, demeurant à la Tri-
« perie.

« L'an du Seigneur 1380 et le trois août, Antoine
« Bariac, coutelier, a dénoncé à la cour Jean Pellenc, se
« plaignant que, dans le but de diffamer son nom et sa
« bonne réputation, le dit Jean Pellenc ait fait contre lui
« un couplet de chanson qui, outre d'autres griefs, con-
« tient ceci : *de matin quant Anthoni Bariac si leva el espia*
« *lo bon vin e va sen a la Triparia depent la entro un carlin*
« *e va sen a son hostal manja las totas e quant o a tot*
« *manjat el mena las bonias.*

« Item et en sus de la dénonciation ci-dessus, le même
« Jean Pellenc, non content de ce qui précède et voulant
« encore plus injurier et calomnier le plaignant, aurait
« fait un autre couplet de chanson en s'exprimant de cette
« manière : *de Bariac dun pastis vo dira la guiza de capon*
« *e de guallina bona cueyssa de pardis del panblanc de*
« *Peyre Espes si faran las crostas a gran forestia.*

« En conséquence, la cour a procédé comme suit à une
« information contre Jean Pellenc sur les faits qui lui
« sont reprochés. »

Entre gens autres que ceux qui étaient en cause, le procès en diffamation aurait suivi son cours devant la justice ordinaire où le plaignant l'avait introduite. Mais

ni Bariac ni Pellenc n'étaient des personnages comme tout
le monde ; Bariac, bien que vivant de son métier de coutelier, était clerc, *clericus solutus*, clerc célibataire ; le sa-
tirique Pellenc exerçait la profession de boucher et était
marié, ce qui ne l'empêchait pas d'être clerc pareillement,
clericus cum unica et virgine conjugatus, c'est-à-dire qu'il
en était à son premier mariage et qu'il n'avait pas épousé
une veuve. Le mariage dans ces conditions ne s'opposait
pas à ce qu'il portât la tonsure, l'habit clérical et à ce
qu'il jouît des privilèges attachés à l'état ecclésiastique. Il
en eût été autrement s'il s'était uni à une veuve ou s'il
s'était marié plus d'une fois. Toutes ces choses sont tom-
bées en désuétude, en France du moins, sans avoir été cependant interdites par aucune disposition canonique ; mais
en vérité on ne doit pas le regretter, car il n'y a pas grand
mal à ne plus voir la lime et le marteau maniés par un ou-
vrier tonsuré et à ne plus se faire servir des biftecks par
un boucher en soutane.

L'un des privilèges attribués aux clercs, lorsqu'il s'agissait d'actions personnelles, consistait : en matière civile, à
ne pouvoir être traduits que par devant le juge d'église ;
en matière criminelle, à être jugés d'abord par le juge d'é-
glise pour le délit commun et par le juge royal pour le cas
privilégié. Bariac l'ignorait ou l'avait oublié, puisqu'il adres-
sait sa plainte au viguier ; mais Pellenc s'en souvint et ne
manqua pas de réclamer l'intervention de l'officialité.

Voici comment s'opéra cette intervention et de quelle
façon s'y prit l'official pour élever le conflit. Ce ne fut pas
aux juges royaux qu'il s'adressa directement, ce fut au
curé de la paroisse du palais de justice, c'est-à-dire au
curé des Accoules, qu'il écrivit pour le charger de signi-
fier l'opposition et de faire les monitions nécessaires. La
lettre de l'official a été rédigée évidemment suivant une
formule habituelle et convenue, car nous avons pu en voir

d'autres de la même époque à peu près dont, à part les noms et les faits, la rédaction est identique. Elle est conçue en ces termes :

« L'official de Marseille au prêtre curé de l'église des
« Accoules de cette ville ou à celui qui en remplit le mi-
« nistère, salut dans le Seigneur.

« Jean Pellenc, clerc marié une seule fois et avec une
« fille, étant en possession cléricale de l'habit et de la
« tonsure, ainsi que pour nous il en consto, nous a porté
« plainte de ce que nobles et circonspects seigneurs, le
« viguier et les juges de la cour de la Reine (1), à Mar-
« seille, avaient procédé à une information contre lui
« pour avoir, comme on prétend, fait ou dicté contre
« Antoine Bariac, clerc célibataire, une cantilène dont les
« paroles sont celles-ci : *Aujas danthoni Bariac que a la*
« *gola glota de grant glotonia que a lo col li degota*, etc.
« Paroles que le dit Bariac a réputé être injurieuses pour
« lui. Cette enquête contre le clerc Jean lui occasionné
« personnellement un évident préjudice et lèse notre juri-
« diction et notre indépendance ecclésiastique, notamment
« parce que la connaissance des excès et des délits de ce
« clerc est de notre compétence et de celle de notre tribu-
« nal, qu'elle nous appartient de plein droit et que nous
« sommes prêt, quant au clerc lui-même, à administrer
« complète justice.

« En conséquence, nous vous mandons et prescrivons,
« par la teneur des présentes, d'avertir, de notre part,
« une fois, deux fois et trois fois péremptoirement, les dits
« seigneurs viguier et juges qu'ils aient à se désister en-
« tièrement de toute poursuite faite ou à faire contre le
« clerc susdénommé à l'occasion de ce qui précède ; à ne
« procéder ni faire procéder à son encontre par citation,

---

(1) Jeanne I⁰ reine de Naples et comtesse de Provence.

« capture, condamnation ni par aucune autre voie que ce
« soit ; à ne continuer ni à autoriser personne à continuer
« l'enquête ; mais à l'abolir et à la biffer dans les regis-
« tres de leur cour, à moins qu'ils ne prétendent avoir de
« justes motifs pour agir différemment. S'ils en ont à
« alléguer, on leur assignera le troisième jour après la
« présente monition pour comparaître devant nous en la
« cour épiscopale. Différemment nous procèderons contre
« eux par sentence d'excommunication, sauf le respect dû
« à la justice. Rendez la lettre scellée. Donné à Marseille
« le 18 du mois d'août, l'an du Seigneur 1380. »

Ce qui précède est écrit au recto d'un carré de papier et
en occupe les quatre cinquièmes environ. Ce fragment de
papier n'est autre chose que l'original lui-même adressé
au curé par l'official, car on lit au verso : « La présente
« lettre a été remise à moi, prêtre curé de l'église de la
« bienheureuse Marie des Accoules, le dix-huit du mois
« d'août ; elle a été scellée du sceau de la dite église, après
« l'avertissement personnellement donné au viguier et aux
« juges, comme il y est dit. » Immédiatement au-dessous
est empreint le sceau de l'église des Accoules.

Jean Pellenc, en se réclamant du juge d'église, avait dû
nécessairement indiquer de quoi on l'accusait et dénoncer
lui-même les couplets. Il n'avait pourtant pas tout avoué
de primo abord, puisque Bariac dans sa plainte cite deux
couplets et que la lettre de l'official n'en mentionne qu'un,
différent des deux autres. Ce système était pour le prévenu
plus dangereux qu'utile, car il laissait au tribunal du viguier toute latitude pour informer sur les articles dont
l'official ne parlait pas. Pellenc revint donc sur sa première
déclaration et fit cette fois une confession complète de laquelle il apparut qu'il ne s'agissait ni d'un, ni de deux
couplets, mais de quatre. L'official consentit à faire une opposition supplémentaire au moyen d'une addition à sa lettre

du 18 août ; elle est transcrite à la suite de cette lettre et remplit ce qui restait de blanc au recto du papier; la voici :

« Nous, susdit official, mandons à vous, prêtre curé,
« d'avertir de la même manière les officiers de la Reine
« qu'ils s'abstiennent pareillement d'informer contre ledit
« Pellenc à raison d'autres couplets de la cantilène qui
« commencent ainsi : l'un , *tant matin quant el se leva el*
« *espia lo bon vin*, etc.; l'autre, *tots aquel de la carrieyra des*
« *companhons coutelies*, etc.; le dernier, *el sap dire la ma-*
« *meyra com se deu far un pastis*, etc. Donné à Marseille,
« le 18 septembre au dit an. »

Si l'on veut bien faire attention aux dates des trois der-
niers actes que nous avons relatés, on remarquera que la
première opposition de l'official et la signification faite
par le curé des Accoules sont du même jour 18 août,
tandis que l'opposition supplémentaire qui , par la façon
dont elle a été transcrite , se trouve précéder la signification, porte la date du 18 septembre et lui est ainsi posté-
rieure d'un mois, ce qui dans ce siècle d'arguties et de
minutieuses chicanes , pouvait bien passer pour une
irrégularité. Toutefois, on ne s'y arrêta pas ; les magis-
trats qui siégeaient au palais tinrent l'opposition pour ré-
gulière et le greffier Michel Radulphe écrivit en marge de
son registre à côté du nom de Pellenc : « C'est un clerc
comme il appert par la lettre transcrite ci-après. » Malgré
cette énonciation, Radulphe n'en a transcrit que les cinq
premières lignes, après quoi il a mis la lettre elle-même
entre les feuillets du registre où elle existe en parfait
état de conservation depuis quatre cent quatre-vingt-cinq
ans.

Nous aurions désiré, pour la satisfaction de nos lecteurs,
connaître et leur communiquer l'issue du procès et ce qui
advint de l'évocation faite par l'official. Malheureusement
les registres du greffe de l'officialité ne sont pas venus jus-

qu'à nous, et nous ne pouvons qu'en exprimer ici nos sin-
cères regrets.

Ce n'est pas seulement au point de vue de la procédure
en ces temps reculés que nous avons exhumé les actes qu'on
vient de lire ; c'est encore et surtout à cause de la chanson
ou plutôt des fragments de chanson qu'ils nous ont con-
servés. Tout incomplets qu'ils se trouvent, nous avons cru
devoir les recueillir, ne fût ce que comme spécimen de la
poésie populaire de l'époque.

. On a vu dans la plainte de Bariac l'indication de deux
couplets sans plus. Bariac citait de mémoire et n'avait retenu
que ce qui l'avait le plus vivement offensé. Quant à Pellenc,
avisé de la poursuite, mais ignorant sur quelle partie de
l'œuvre portait la dénonciation, il crut s'être mis en règle
en désignant à l'official le sens du premier couplet ; or, ce
couplet ne ressemblant ni à l'un ni à l'autre de ceux dont
Bariac s'était plaint, l'opposition portait à faux ; Pellenc
alors se décida à indiquer, chacun à son rang, les trois
autres couplets. Cette fois son but fut atteint et les passa-
ges incriminés se trouvèrent compris dans l'opposition
supplémentaire.

La chanson, comme nous l'avons déjà fait remarquer,
avait donc quatre couplets. On nous permettra de rétablir
ce qui en reste dans l'ordre et sous la forme primitive qu'ils
ont dû avoir. Nous emploierons de préférence la version
de Pellenc, l'auteur présumé, que nous devons croire la
plus exacte ; là où elle nous manquera, nous aurons re-
cours à celle de Bariac, sans rien suppléer, sans changer
un iota ni à l'une ni à l'autre.

1er COUPLET.

Aujas danthoni Bariac,
Que a la gola glota

De grant glotonia ,
Que a lo col li degota

. . . .
. . . .
. . . .
. . . .

2ᵃ.

Tant matin quant el se leva ,
El espia lo bon vin ,
E va sen a la Triparia,
Depent la entro un carlin ;
E va sen a son hostal
   E manja las totas ;
E quant o a tot manjat ,
   Ell mena las bonias.

3ᵃ.

Tots aquel de la carrieyra
Des companhons coutelies

. . . .
. . . .
. . . .
. . . .
. . . .
. . . .

4ᵃ

El sap dire la manieyra
Com se deu far un pastis :
De capon e de guallina ,
Bona cueysa de pardis ;
Del pan blanc de Peyre Espes
   Si faran las crostas

. . . .

   A gran forestia.

Cette poésie, considérée isolément, ne brille certes ni par le fond, ni par la forme, ni par l'esprit, ni par le style; on la qualifierait de grossière qu'on ne courrait pas grand risque de se tromper. Cependant on ne saurait méconnaître chez l'auteur une sorte de verve, d'entrain et quelque connaissance des règles de la versification. Le deuxième couplet, le seul qui nous soit parvenu en entier, est d'une coupe encore usitée quelquefois dans les chansons modernes. Les deux vers qui nous restent du deuxième et les sept que nous possédons du quatrième s'y raccordent exactement, soit pour la mesure des vers, soit pour le croisement des rimes. Il est évident que tous ces couplets s'adaptaient à un même air sur lequel la cantilène était chantée. Il n'y a que le fragment du premier qui s'éloigne un peu de la facture des autres. Cela s'explique par cette observation que le fragment dont il s'agit constitue la première déclaration de Pellenc et que celui-ci, peu convaincu à ce moment de la nécessité de donner le texte précis, s'est borné à indiquer la pensée développée dans le couplet.

Du reste, on ne peut juger du mérite de nos fragments que par comparaison et la comparaison, pour être juste, doit être faite avec des œuvres contemporaines ayant, ainsi que la chanson de Pellenc, un caractère essentiellement populaire. Nous citerons, comme remplissant ces conditions., le LUDUS SANCTI JACOBI, mystère en langue provençale, véritable rareté heureusement découverte par l'érudit M. Camille Arnaud, dans un *Primum sumptum* d'un notaire de Manosque, parmi des actes de 1495. Si, suivant ce que pense M. Arnaud dont l'opinion fait autorité, la composition du LUDUS SANCTI JACOBI est de beaucoup antérieure à sa transcription dans les écritures du notaire, il n'y aura pas de témérité à la supposer à peu près contemporaine de notre chanson ; quant à son caractère, il suffit de se souvenir que c'est un mystère destiné

, à être joué devant le peuple, pour être fixé à cet égard. Eh bien ! nous n'hésiterons pas à affirmer que, sous les différents rapports de la poésie, de la versification, de la convenance, du langage, la chanson est de beaucoup supérieure au mystère. L'auteur inconnu de cette dernière œuvre met à chaque instant dans la bouche de ses interlocuteurs des crudités, pour ne rien dire de plus, que Pellenc s'est rigoureusement interdites, bien qu'il ait eu pour but de faire une satire et de ridiculiser son adversaire.

Quels que soient d'ailleurs les mérites ou les défauts de notre trouvaille, nous essayerons d'en donner, non une interprétation littéraire, mais une simple version littérale.

1er COUPLET.

Oyez (la chanson) d'Antoine Bariac,
Qui a la gueule gloutonne
De grande gloutonnerie ;
Qui a le col (qui) lui dégoutte.
. . . .
. . . .
. . . .
. . . .

2e.

Si matin quand il se lève,
Il guette le bon vin ;
Et s'en va à la Triperie,
Dépense là jusqu'à un carlin ;
Et s'en va à sa maison,
  Et les mange toutes ;
Et quand cela il a tout mangé,
  Il mène les . . . . .

3ᵉ.

Tous ceux de la rue
Des compagnons couteliers
. . . .
. . . .
. . . .
. . . .
. . . .
. . . .

4ᵉ.

Il sait dire la manière
Dont se doit faire un pâté :
De chapon et de poule ,
(De) bonne cuisse de perdrix ;
Du pain blanc de Pierre Espes
On fera les croûtes ,
. . . .
A grande. . . . .

Notre traduction est incomplète, nous ne l'ignorons pas; nous avons dû nous arrêter devant deux vers ou plutôt devant deux mots dont le sens nous paraît peu intelligible, ce qui nous contrarie d'autant plus que l'un, *bonias*, termine le vers final du deuxième couplet, et l'autre, *forestia*, le vers final du quatrième, c'est-à-dire que chacun d'eux forme précisément le trait piquant, la pointe du couplet.

El mena las bonias. Le mot *bonias* ou *bounias* ne figure ni dans Rochegude ni dans Raynouard, ni dans aucun des lexiques languedociens que nous avons pu consulter, ni même dans le dictionnaire provençal de Pellas. Le premier qui l'ait recueilli, c'est le Marseillais Achard ; sont venus ensuite Garcin, Avril et Honnorat qui tous lui attribuent la même signification. Du reste, à défaut de lexiques et de vocabulaires, personne en Provence n'ignore qu'on le rend en français par bonasse, crédule, etc. En appliquant cette acception au vers cité, il n'a pas de sens et, d'autre part, nous y trouvons un article féminin *las* devant un masculin *bonias*, ce qui n'est pas admissible ; il faudrait qu'il y eût *los bonias* ou *las boniassas*. Peut-être *bonias* était-il un féminin usité au quatorzième siècle pour *bonas, bonos,* ou *bouenos,* trois variantes d'un même mot, et avait-il la valeur, bien connue d'ailleurs, que lui donnent Pellas, *es en bouenos,* il est en ses bonnes, Honnorat, *estre en bona,* être en belle humeur, l'abbé de Sauvages, *es dins sus bonos,* il est en goguette. Ce sens n'aurait rien que de naturel, appliqué à la manière d'être d'un homme qui dès le matin est à l'affut du bon vin, *espia lo bon vin* et qui mange ensuite tout ce qu'on peut avoir de tripes pour un carlin (1).

A gran forestia. Ici notre embarras a été plus grand encore : nous trouvons, il est vrai, dans divers dictionnaires les vocables *forestier* (Raynouard et Honnorat), *fourestie* (Pellas, Avril et Cousinié), *fourestier* (Achard) ; mais tous les auteurs que nous venons de nommer donnent à ces différentes formes d'un mot unique les acceptions qu'il conserve encore de garde-forestier et d'étranger ; or, il n'y a là rien de satisfaisant pour nous. Enfin, pour surcroît, nous ne connaissons aucune autre expression assez rapprochée du mot *forestia* pour autoriser une conjecture sur la signification dans laquelle on a entendu l'employer. Nous sommes donc forcé d'avouer notre impuissance à le traduire.

En voilà assez et peut-être trop sur ce débris échappé par hasard aux ravages du temps ; il ne nous reste qu'à solliciter l'indulgence du lecteur pour l'en avoir si longue-

---

(1) Carlin ou carolin, monnaie d'argent des comtes de Provence du nom de Charles.

ment entretenu. Mais les épaves de notre vieux langage, de nos anciennes poésies populaires surtout, sont si rares qu'on doit être excusable de se faire parfois illusion sur l'importance qu'elles peuvent avoir.

BOUILLON-LANDAIS.

Marseille. — Typ. Vᵉ Marius OLIVE, rue Paradis, 68.

www.ingramcontent.com/pod-product-compliance
Lightning Source LLC
Chambersburg PA
CBHW050426210326
41520CB00020B/6759